Melleville.

Notice sur Coucy.

L. 1848.

LE CHATEAU
DE COUCY

NOTICE
HISTORIQUE ET ARCHÉOLOGIQUE
extraite de l'histoire de cette ville,

PAR

Mr MELEVILLE,

Auteur de l'Histoire de la ville de Laon.

illustrée

D'UN GRAND NOMBRE DE DESSINS SUR BOIS.

A LAON,
Chez les Éditeurs, au bureau du *Journal de l'Aisne*, rue Sérurier, 22;
A Coucy, sur les Ruines,
A Paris, chez DUMOULIN, quai des Augustins, 13;
Et chez tous les Libraires du département.

1848

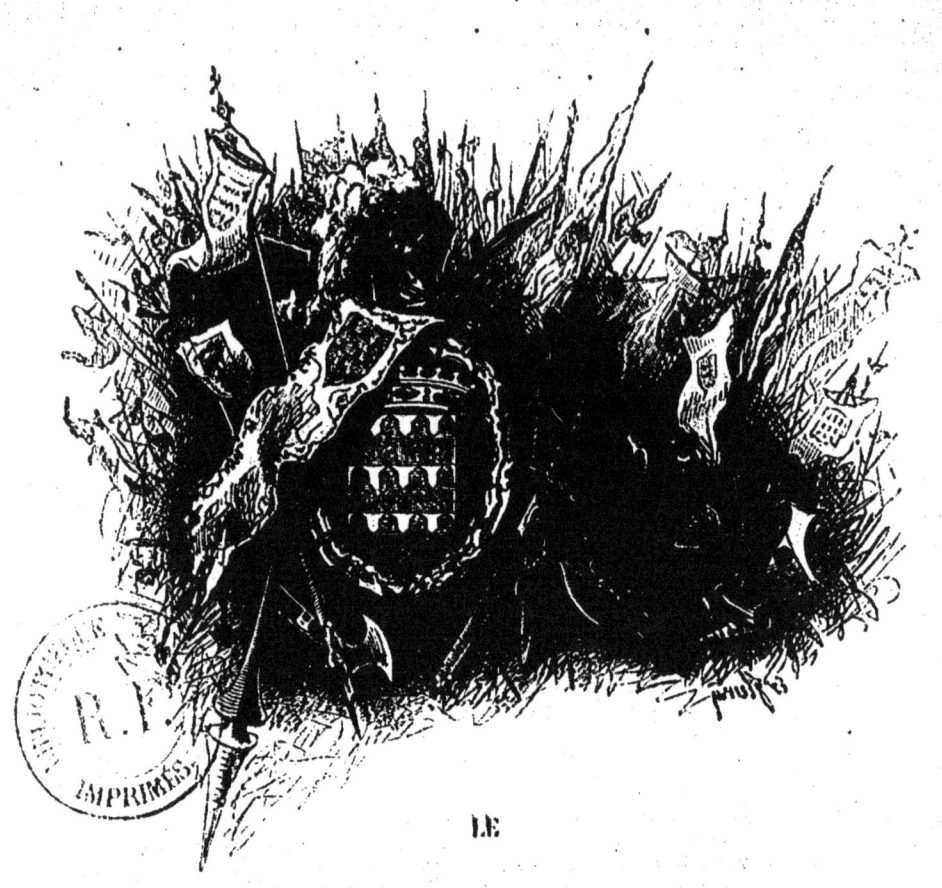

LE CHATEAU DE COUCY.

La ville de Coucy est construite sur une sorte de cap isolé qui se détache du plateau principal d'une immense colline, dont les flancs dessinent au nord les contours de la vallée de l'Ailette. Le périmètre de son enceinte a été déterminé par la forme même du terrain sur lequel elle est as-

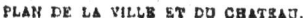

PLAN DE LA VILLE ET DU CHATEAU.

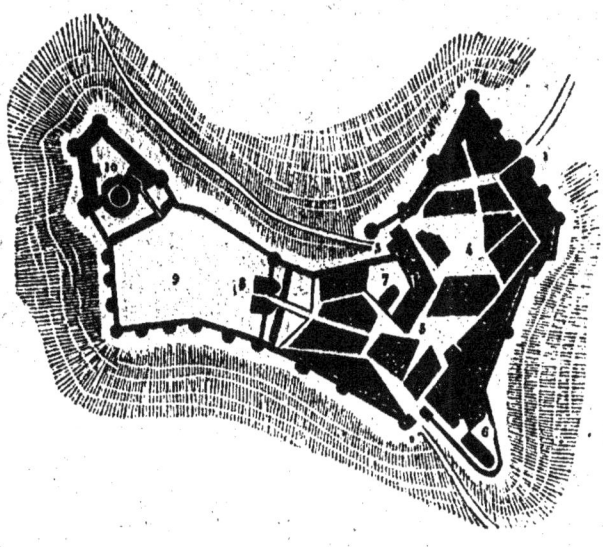

1. Porte de Laon.
2. Porte de Soissons ou porte d'Etrelles.
3. Porte Commeron ou porte de Chauny.
4. Grande place.
5. Hôtel-de-Ville.
6. Église.
7. Hospice.
8. Entrée du château.
9. Première enceinte ou grande cour du château.
10. Château.

sise, et son irrégularité est celle du plateau de la montagne qui lui sert de support.

A l'exception de son château et de son église dont nous allons dire quelques mots, Coucy ne possède aucun monument qui mérite de fixer l'attention des voyageurs ; ses places sont irrégulières, ses rues généralement étroites, tortueuses et mal pavées, ses maisons basses et de peu d'apparence. Nulle part on n'a su tirer parti de l'admirable position de la ville, en se ménageant des points de vue sur les ravissantes campagnes qui l'environnent.

L'église de Coucy, en partie reconstruite en l'année 1543,

Saint-Sauveur de Coucy.

comme nous l'apprend un ancien manuscrit, ne présente rien de remarquable que son portail, qui nous paraît offrir le véritable cachet de l'architecture propre à la seconde moitié du 12ᵉ siècle. Il est formé de trois corps de bâtimens surmontés chacun d'un pignon peu aigu. Des deux côtés latéraux, celui de gauche est seul percé d'une porte basse et étroite qui semble avoir été faite à une époque postérieure à celle de la construction du reste du portail. Au-dessus, s'ouvre une longue et étroite fenêtre à plein cintre, percée dans une arcade à ogive de transition, nue et sans ornemens ; une fenêtre semblable orne le corps de bâtiment de droite.

Celui du milieu est le plus remarquable ; il se compose d'abord d'une espèce de petit porche en saillie, décoré de trois rangs de colonnettes en retraite, supportant un nombre égal de tores, dont les deux plus extérieurs sont lisses, et le troisième porte des moulures sculptées selon le goût du temps ; derrière s'ouvre une large porte carrée, surmontée d'un tympan uni et sans ornemens.

On voit au-dessus, d'abord une fenêtre à plein cintre ouverte entre deux colonnettes cannelées et deux tores unis et superposés ; puis, une petite galerie composée de six arcades seulement. Cette galerie est formée de colonnettes courtes et épaisses supportant des trilobées. Enfin, l'extrémité du pignon est occupée par une rosace d'un dessin fort original : elle se compose d'un trèfle entouré d'un triple encadrement alternativement formé de feuillages et de tores chevronnés. Nous regrettons que le défaut d'espace ne nous permette pas d'entrer dans de plus longs détails sur ce monument religieux, dont M. Vitet a déjà, d'ailleurs, donné une exacte et intéressante description (1).

La ville de Coucy fut de bonne heure entourée d'une ceinture de murailles : celle actuelle a été construite au com-

---

(1) Voyez son rapport fait au ministre de l'intérieur, le 21 février 1831.

mencement du 13ᵉ siècle, par Enguerrand III, sire de Coucy.

Elle est percée de trois portes : la première, au midi, dite *porte Soissonne* ou *d'Etrelles* (1), établit une communication avec le village de Nogent et la route de Soissons; la seconde, au nord, nommée *porte Gommeron* ou

de Chauny, s'ouvre sur la route qui conduit à cette ville et sur celle de Noyon; la troisième, dite *porte de Laon*, est percée à l'est sur le plateau de la montagne, et conduit à la ville dont elle porte le nom.

(1) Ce mot paraît venir du voisinage des vignes, toutes plantées de ce côté sur le flanc de la colline; il devrait s'écrire *des treilles*.

Cette enceinte se compose d'un mur épais en pierres de taille élevé sur la lisière du plateau et flanqué de distance en distance de tours tantôt cylindriques, tantôt demi-circulaires seulement. Ces murs, aujourd'hui encore en bon état de conservation dans plusieurs de leurs parties, étaient autrefois surmontés de mâchicoulis dans toute leur étendue, et sur la plupart des tours s'élevait une flèche en bois.

La partie des remparts de Coucy faisant face au plateau de la montagne, avait surtout été construite avec des soins particuliers, car on avait compris, et avec raison, qu'en cas de siège, les plus grands efforts de l'attaque devaient surtout être dirigés contre cette partie de la ville. Là, un immense fossé large de cent pieds, et creusé dans le roc, coupait transversalement le plateau de la colline, et sur le bord de l'escarpe taillée à pic, se dressait le mur d'enceinte flanqué de six énormes tours, malgré le peu d'étendue de son front. On ne parvenait à la porte d'entrée, ou porte de Laon, percée au centre de ce rempart, qu'après avoir traversé un long pont-levis autrefois défendu lui-même par des ouvrages en terre et en maçonnerie qui n'existent plus au-aujourd'hui.

Cette porte, étroite et basse, où les voitures trouvaient tout juste la place nécessaire pour pouvoir passer, donnait accès sous un long couloir voûté, où la défense s'était ingéniée à multiplier les obstacles. On y voit encore les nombreuses coulisses par où l'on faisait descendre la herse de fer et les portes mobiles destinées à remplacer celle d'entrée lorsqu'elle avait été brisée, et il était flanqué de deux immenses corps-de-garde destinés à contenir tout le monde nécessaire à la défense de ce point important de la place (1).

La ville de Coucy n'a qu'un petit commerce de bois, chanvres et lins; ses coteaux sont au midi cultivés en vignes, dont les produits ont bien perdu de la réputation qu'ils avaient autrefois. Doit-on en inférer que la nature de ces vignes a dégénéré depuis lors, ou faut-il penser que le goût de nos pères était moins délicat que le nôtre ? Il serait peut-être sage de croire que ces deux causes réunies donnent raison du discrédit où est tombé le vin de ces coteaux.

Quoiqu'il en soit, Paulmier, médecin de Charles IX, nous apprend que de son temps, les rois le réservaient pour leur bouche, et Vannière, au milieu du siècle dernier, le célèbre dans un ouvrage intitulé : *Prædium rusticum*. Une pièce de vigne y porte encore aujourd'hui le nom de *Clos du Roi*.

On trouve au pied de la montagne de Coucy une fontaine minérale et ferrugineuse, dont il serait peut-être possible de tirer parti dans le traitement de certaines maladies. Selon la tradition, elle passerait sous le château.

La ville de Coucy n'a jamais eu une forte population : on

---

(1) Il y a peu d'années, en exhaussant la voûte du passage qui existe derrière cette porte, on a découvert au-dessus une chambre dont l'existence était ignorée. Les murs de cette chambre se trouvaient ornés de peintures représentant des personnages dans des attitudes variées, et dont le dessin, d'après la description qui nous en a été donnée, paraîtrait remonter au 13e siècle.

y comptait 800 âmes en 1698, et en 1750 900 habitans, aujourd'hui réduits à 840.

Vu de Coucy prise de la route de Chauny.

Le château était divisé en deux parties de forme irrégulière et d'une étendue différente. La première enceinte, qui est aussi la plus vaste, servait autrefois de basse-cour, et en même temps de logement aux gens de la garnison et aux vassaux du seigneur de Coucy, quand ils venaient s'y réfugier dans les temps de guerre. Elle est entourée d'un rempart soigneusement construit en pierres de grand appareil, encore aujourd'hui flanqué de douze tours, les unes cylindriques, celles des angles principaux, les autres simplement demi-circulaires. Ces tours, dans un grand état de délabrement, contenaient autrefois des appartemens en pierre.

Pour entrer dans cette première enceinte, il fallait franchir, sur un pont, un fossé large et profond, puis passer sous une grande porte voûtée, armée d'une herse et défendue par

CHATEAU DE COUCY.
D'après une gravure de Ducerceau. (16ᵉ siècle)

deux grosses tours. Cette porte, autrefois nommée *porte de maître Odon*, fut renversée et détruite en 1411 par le comte de Saint-Pol qui avait été chargé de s'emparer du château de Coucy au nom du roi Charles VI. Elle offrait une architecture imposante et passait alors pour le plus beau monument de ce genre, qui existât à vingt lieues à la ronde. Deux arcades en ogive ménagées dans l'épaisseur des murs à droite et à gauche dans l'intérieur de ce passage, étaient sans doute destinées à recevoir des bancs pour les soldats de garde. Sur l'archivolte de l'arc de la porte faisant face à la cour, lequel

Ruines de la porte d'entrée du château.

est dans un bon état de conservation, on remarque une guirlande de passe-roses.

Il existait autrefois, dans cette première enceinte, différens bâtimens, notamment une vaste chapelle dont on ne retrouve plus le moindre vestige.

La défense avait surtout multiplié les obstacles et pris les précautions les plus minutieuses dans la construction des fortifications de la seconde enceinte ou du château proprement dit. Celle-ci, beaucoup plus petite que la première, et tournée obliquement par rapport à elle, à cause de la disposition naturelle du terrain, en était séparée par un fossé profondément creusé dans le roc vif. Elle présente la forme d'un carré irrégulier, aux angles duquel s'élèvent quatre belles tours cylindriques dont nous parlerons tout-à-l'heure. Une cinquième tour, de proportions vraiment colossales, est placée au centre de la courtine qui divise les deux enceintes ; néanmoins, elle ne fait pas corps avec la muraille, et elle en reste séparée par un chemin de ronde qui formait à l'entour une sorte de second fossé. Des bâtimens considérables s'étendaient intérieurement le long des trois autres côtés.

On pénétrait dans cette formidable enceinte en passant sur un pont étroit dont les arches étaient surmontées de deux portes défendues chacune par un pont-levis. On trouvait en outre intérieurement, sous une longue galerie voûtée pratiquée entre deux corps-de-garde, cinq autres portes qu'il fallait encore franchir pour pénétrer jusque dans la cour intérieure.

Celle-ci, resserrée d'un côté par la grosse tour ou donjon dont nous venons de parler, et des autres, par les bâtimens servant au logement du maître et de ses serviteurs, avait une étendue peu considérable et une surface irrégulière. A

PLAN DU CHATEAU.

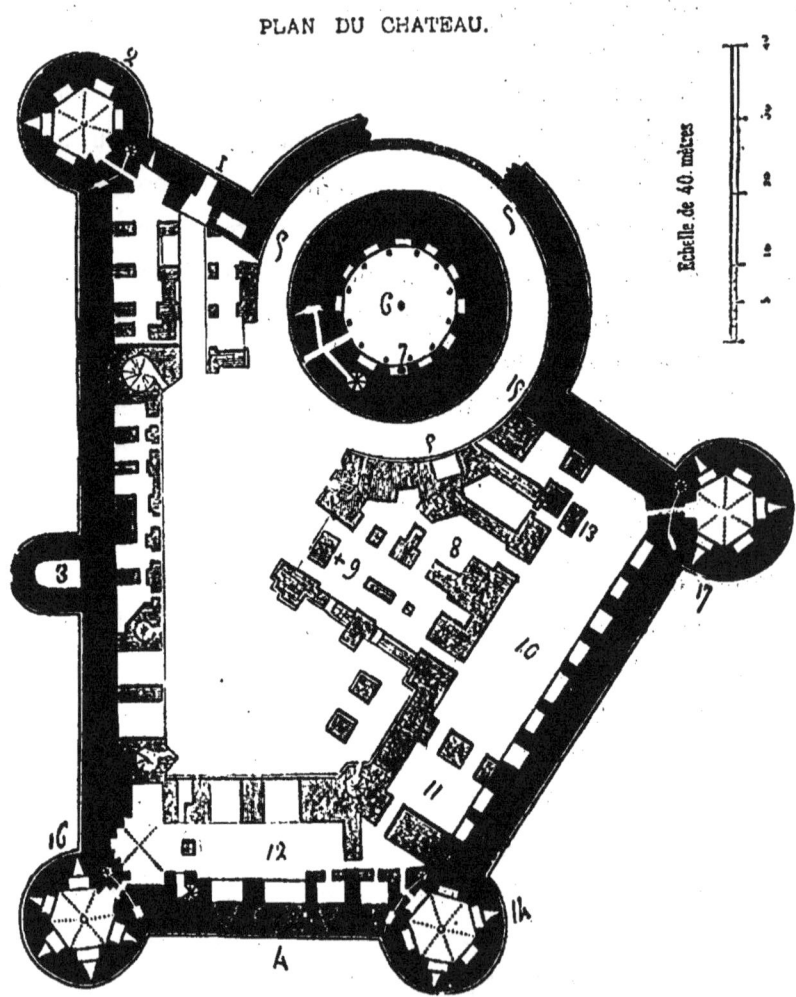

1. Entrée du château.
2. Tour du musée.
3. Tour carrée aujourd'hui détruite.
4. Petit appartement dans l'épaisseur des murs.
5. Chemise du donjon.
6. Grosse tour ou donjon.
7. Puits du donjon.
8. Salle de bains.
9. Emplacement de la chapelle.
10. Emplacement de la salle des Preux.
11. Tribune de la salle des Preux.
12. Emplacement de la salle des Preuses.
13. Escalier conduisant aux caves.
14. Tour de l'oubliette.
15. Entrée du chemin de ronde couvert.
16. Tour du Roi.
17. Tour qui conduisait à une poterne.

droite se trouvait une série de constructions dont les fondations seules existent aujourd'hui, et qui sont par conséquent méconnaissables. On peut seulement juger par l'inspection des lieux, que le rez-de-chaussée, comme d'ailleurs dans toutes les autres parties de l'édifice, en était occupé par des espèces de celliers voûtés où l'on voit parfois d'étroites cheminées, et qui servaient sans doute tant de magasins que d'habitation aux serviteurs de la maison.

A gauche, au milieu d'un grand nombre de fondations restées debout, on remarque une salle de bains au centre de laquelle la baignoire en pierre existe encore. Derrière, s'ouvre l'entrée d'immenses et magnifiques souterrains dont les voûtes sont d'une conservation et d'une intégrité parfaites. Au-dessus, au premier étage, existaient autrefois de vastes appartemens parmi lesquels on distinguait surtout la *salle des Preux*. Au rapport de Ducerceau, écrivain du 16° siècle, à l'époque duquel le château de Coucy était encore en son entier, cette salle avait 30 toises (environ 60 mètres) de long, compris la tribune, sur 7 et demie de large. Cette tribune était placée à l'extrémité ouest et séparée de la grande pièce par un faisceau de colonnes. Dans l'un de ses angles, l'on remarque la cage d'un petit escalier tournant en pierres, dont le plafond, dans un bel état de conservation, est curieux par ses six nervures minces et délicates descendant sur de petites consoles ornées de groupes fantastiques sculptés, et réunies au centre de la voûte par une clef fleuronnée.

La salle des Preux formait la principale pièce du château;

CHEMINÉE DE LA SALLE DES NEUF PREUSES.
(Château de Coucy.)

elle était plafonnée, et plusieurs grandes fenêtres, ouvertes tant à son extrémité Est que sur la cour intérieure, y laissaient largement pénétrer le jour. Deux immenses cheminées encore existantes, ornées de manteaux sculptés, étaient ménagées dans l'épaisseur du mur d'enceinte, et de chaque côté se voyaient des niches avec consoles et dais d'une sculpture fine et délicate, dans lesquelles sans doute il y avait autrefois des statues. Ces ornemens, comme le cordon sculpté qui régnait tout autour de la salle, ne semblent pas contemporains de la construction du château, et paraissent dater d'une époque postérieure.

En retour d'équerre, au fond de la cour et faisant face à la porte d'entrée, se trouvait, toujours au premier étage, une autre salle moins grande que la première, et que l'on nommait la *salle des Preuses*. Celle-ci avait 10 toises de long sur 5 et demie de large; on y voyait une vaste cheminée sur le manteau de laquelle les neuf Preuses étaient représentées en ronde bosse. Au centre de cette salle, où le jour pénétrait par plusieurs larges fenêtres ouvertes tant sur la cour que sur la campagne, on remarque encore une petite chambre ménagée dans l'épaisseur des murs, qui en cet endroit n'est pas moindre de 4 mètres. C'était là sans doute le boudoir de la châtelaine et la pièce où elle se tenait de préférence; car on y jouit d'une admirable vue sur les vallées de l'Ailette et de l'Oise, avec les villes de Chauny et de Noyon pour horizon.

Cette dernière pièce était éclairée sur la campagne par une grande fenêtre géminée, et une toute petite cheminée est ménagée dans les murs à son extrémité ouest. La voûte en était décorée de nervures finement taillées, réunies au centre par une clef fleuronnée, et retombant dans les angles sur de petites consoles peu saillantes. La seule de ces consoles qui se soit conservée est placée à l'angle du sud : elle est ornée de trois personnages d'un joli dessin et d'une bonne exécution, mais dans un état fâcheux de mutilation.

Du même côté, entre la cage d'un escalier en ruines et la tour du nord, on voit sur le mur intérieur un corbeau en pierre, ancien support d'une poutre, lequel est orné d'une sculpture représentant deux personnages assis et tenant entre les mains un objet de forme ronde, mais difficile à déterminer.

Un autre corbeau du même genre se remarque encore dans le haut et à l'extérieur de cette tour. Il est également orné de plusieurs personnages sculptés en ronde bosse, mais dont l'éloignement permet difficilement de reconnaître la posture.

Nous avons oublié de dire qu'une chapelle assez vaste s'ouvrait de plain pied sur la salle des preux, et se prolongeait à l'est vers le centre de la cour intérieure.

Six ou sept escaliers en pierre, ayant tous la forme d'une spirale, donnaient autrefois accès dans ces divers appartemens ; il n'en reste plus aujourd'hui que les cages dans un état de délabrement complet.

Toutes ces différentes parties du château sont renfermées, comme nous l'avons dit, dans une enceinte de murailles extrêmement épaisses, aux angles desquelles s'élèvent quatre énormes tours. La première, celle de droite en entrant, est la mieux conservée, et l'on a profité de cette circonstance pour y rassembler tous les fragmens d'architecture, objets d'art ou de curiosité trouvés dans le déblaiement des ruines exécuté pendant ces dernières années, et qui ont paru mériter d'être recueillis.

La seconde tour du même côté est dite *Tour du Roi*, parce que, selon la tradition, elle aurait été habitée par François Ier et Henri IV. On y remarque en effet des décorations peintes sur les murs et représentant des palmes, des couronnes, des fleurs-de-lys, etc.

Ces tours présentent toutes quatre des dispositions semblables dans leur construction et leur division intérieure (1). Elles ont toutes une hauteur égale de près de 100 pieds, et une circonférence de 140. L'épaisseur de leur muraille est de 9 pieds, et le diamètre de leurs salles intérieures d'environ 33 pieds. Elles étaient autrefois couronnées de mâchicoulis, et surmontées d'une flèche en charpente médiocrement élancée. Leur intérieur se divise en trois étages renfermant chacun une pièce de forme hexagone, et chaque pan de cet hexagone est occupé par une arcade ogivale. Sous leur rez-de-

(1) La première tour de droite présente dans son intérieur une particularité curieuse que nous devons signaler. Au second étage, les pieds droits de ses arcades sont construits en porte à faux sur l'axe des arcades de l'étage inférieur. On remarque une autre particularité dans la première tour à gauche : c'est l'existence à son rez-de-chaussée d'une poterne, dont les feuillures sont placées en dehors, comme si elle n'eût eu d'autre destination que celle de servir à l'évasion des habitans du château, dans le cas où celui-ci eût été envahi.

chaussée existe un vaste caveau dans lequel on ne descendait que par une ouverture ménagée au centre de la voûte, et semblable à l'orifice d'un puits.

Ces caveaux n'ont pas servi d'oubliettes, comme on le suppose généralement ; car ils sont éclairés par une ou deux ouvertures étroites, et l'on y voit des fosses d'aisances. C'étaient donc plutôt des cachots où l'on renfermait temporairement les gens coupables de graves délits.

On pénétrait dans le premier étage par un couloir étroit pratiqué dans l'épaisseur du mur, et au centre duquel s'ouvrent deux autres couloirs donnant accès, l'un sur un escalier tournant en pierres, qui conduisait aux étages supérieurs, l'autre dans les communs. Cette première salle, dans laquelle existe toujours une vaste cheminée, paraît être celle où se tenaient les gardes.

Au centre de la courtine qui relie la tour du Roi à celle de l'est, existait autrefois une autre tour aujourd'hui détruite, et dont les proportions étaient beaucoup plus petites. Bien que semi-sphérique, cette tour était dite *tour carrée*, parce que ses côtés latéraux se prolongeaient carrément jusqu'au mur d'enceinte. Sa distribution intérieure se distinguait également de celle des autres tours, en ce qu'elle n'était point disposée pour la défense, et qu'elle servait d'habitation.

La grosse tour ou donjon, qui mériterait d'être appelée *le Colosse*, comme le Colysée à Rome, doit particulièrement fixer notre attention. Ses vastes proportions, ses dispositions intérieures, la distribution de chacun de ses étages, les détails de son architecture, en un mot, l'harmonie de son ensemble, en font un monument d'architecture militaire du moyen âge d'autant plus digne d'admiration, qu'il est unique en France et peut-être en Europe.

Nous avons dit qu'un mur circulaire nommé chemise, entourait entièrement le pied de ce donjon. Ce mur n'avait pas moins de 5 mètres d'épaisseur dans le bas, et sa hauteur dépassait 30 pieds; il n'était point muni de mâchicoulis, mais on y avait extérieurement percé de nombreuses meurtrières, et il était couronné d'un rang serré de créneaux. Au centre de la partie extérieure de cette chemise, s'élevait une tourelle carrée percée de plusieurs fenêtres, et destinée sans doute au *guette* ou guetteur, dont les fonctions consistaient à veiller jour et nuit sur les abords de la place.

A l'intérieur, deux larges banquettes avaient été ménagées dans son épaisseur. Sur la première, élevée d'environ 3 mètres au-dessus du sol, s'ouvraient, du côté du midi, deux portes basses dont nous ignorons la destination, mais qui, sans doute, servaient à la défense; la seconde banquette, située à la hauteur des créneaux, était destinée au service des combattans dans cette partie de l'enceinte. On y arrivait par un escalier ménagé à ciel ouvert dans l'épaisseur de la muraille, et placé intérieurement dans le château.

Dans cette partie de la chemise du donjon, s'ouvrait encore un petit escalier tournant par lequel on parvenait à un couloir également ménagé dans l'épaisseur de la muraille, lequel, à son tour, donnait accès dans un chemin de ronde

souterrain construit autour et extérieurement de cette chemise.

Par le moyen de ce chemin de ronde, les défenseurs du château pouvaient constamment circuler autour de la chemise et s'assurer que le pied n'en était point attaqué par la sape.

L'existence de ce couloir, dont la destination ne peut être révoquée en doute, est certainement des plus curieuses ; elle prouve que dès cette époque reculée, on employait, pour se garantir de la mine, un moyen de défense fort en usage aujourd'hui dans la construction des places de guerre (1).

La grosse tour a une hauteur perpendiculaire de 50 mètres

Intérieur des ruines.

(1) La mine était employée dans l'attaque des places fortes, bien avant l'invention de la poudre. On creusait des galeries souterraines jusqu'au pied des remparts dont on sapait la base sur une grande étendue, en ayant soin d'en soutenir la partie supérieure avec des pièces de bois placées debout. Quand on jugeait le travail assez avancé pour compromettre la solidité de la

60 centimètres (152 pieds); son diamètre, mesuré au niveau du sol de la cour, est de 30 mètres 20 centimètres (91 pieds environ), et sa circonférence, de 90 mètres 60 centimètres (272 pieds). Comme sa base va en s'élargissant un peu en descendant au-dessous du sol de la cour, ce diamètre, mesuré tout-à-fait au pied de la tour, est de 31 mètres 50 centimètres (94 pieds); il se réduit à 29 mètres 40 centimètres au sommet de la tour.

Les murs, au niveau du rez-de-chaussée, ont une épaisseur de 7 mètres 10 centimètres (plus de 21 pieds) entre les arcades intérieures dont il sera parlé tout à l'heure, et de 5 mètres 70 centimètres seulement entre le fond de ces mêmes arcades et le parement extérieur de la muraille. Ils conservent cette énorme épaisseur jusqu'au troisième étage, point où une superbe galerie circulaire a été intérieurement établie sur eux, et les réduit à 1 mètre 90 centimètres.

Peu de fenêtres sont percées à travers ces épaisses murailles; on en voit seulement trois ou quatre placées les unes au-dessus des autres, dans le côté de la tour qui fait face à la salle des Preux; plus, un certain nombre d'étroites ouvertures en forme de meurtrières, servant à éclairer l'escalier, et dans le haut de la tour, une série d'arcades ogivales entremêlées de meurtrières à plan incliné, par lesquelles sans doute on versait des matières brûlantes sur les assiégeans.

muraille, on mettait le feu aux étais qui la soutenaient, et la partie supérieure du rempart se trouvant alors privée d'appui, s'écroulait avec fracas, ouvrant une large brèche aux assiégeans. Ce genre de mine est celui dont nous entendons parler ici.

A cette hauteur, règne également autour de ce donjon un rang de consoles très-saillantes, sur lesquelles étaient autrefois établis des mâchicoulis détruits depuis longtemps.

Nous ne sommes pas éloigné de croire qu'un pont volant, jeté à la hauteur de la première des fenêtres dont nous venons de parler, sur le fossé formé par la chemise du donjon, permettait d'y pénétrer directement de l'intérieur de la salle des Preux ou de toute autre place voisine du château. Quoi qu'il en soit, on remarque près et à gauche de cette fenêtre, une chose qui mérite d'être signalée ici : c'est une série de trous carrés placés perpendiculairement deux par deux, et s'élevant graduellement jusqu'à une autre fenêtre située au-dessus de la première, de manière à former, sur le mur extérieur du donjon, un tour complet de spire. Ces trous paraissent avoir servi aux *boulins* des échafaudages qu'on a eu besoin d'établir, soit pour la construction de la tour, soit pour les réparations à faire à sa muraille.

Trois fentes verticales partagent la tour dans toute sa hauteur, à l'est et à l'ouest ; elles paraissent particulièrement dues, comme nous l'avons dit dans le cours de cette histoire, à un tremblement de terre arrivé le 18 septembre 1692. On remarque d'ailleurs dans le bas des murs, une multitude d'écrasemens et de petites fentes verticales qui témoignent du poids énorme que cette partie de l'édifice a à supporter.

On parvenait autrefois à la porte de la tour, en traversant un pont jeté sur le fossé formé par la chemise. Cette porte, d'assez petites dimensions et de forme ogivale, était anciennement ornée sur les côtés de colonnettes aujourd'hui brisées en partie, et surmontée d'un tympan sur lequel on remarquait un bas-relief. Ce bas-relief représentait un guerrier armé d'une épée et d'un bouclier, la tête couverte d'une toque, et luttant contre un lion furieux. Selon la tradition populaire, cette sculpture était destinée à rappeler la scène du combat d'Enguerrand I" contre un lion, dans la forêt de Coucy, scène dont nous avons raconté les détails dans notre *histoire de Coucy* (p. 50). Au-dessus de ce tympan règne une archivolte formée de deux bandes, la première, ornée de personnages en relief, l'autre, de guirlandes de feuillages. Le tout est encadré dans un tore ou cordon en saillie, reposant sur de petites cariatides.

Après avoir dépassé le seuil de la porte, on se trouve dans un couloir sur lequel en débouchent deux autres à gauche et à droite. Le premier conduit à une petite place carrée où existent des lieux d'aisances; dans le second, se trouve un escalier par lequel on monte aux étages supérieurs.

La pièce du rez-de-chaussée, comme, du reste, celles des étages placés au-dessus, est de forme dodécagone, et chacun des pans en est occupé par un enfoncement surmonté d'une arcade ogivale assez basse. Cette pièce servait autrefois de magasin, et l'on y trouvait un puits, un moulin, une cheminée, un four, en un mot, tout ce qui était nécessaire au service d'un fort occupé par une garnison. Sa voûte était ornée de nervures qui retombaient sur des colonnettes placées aux angles de ces mêmes pans. Ces colonnettes ont disparu;

leurs chapiteaux, encore en place, supportent une espèce de console formée d'un personnage à genoux ou accroupi, et de feuilles sculptées du sein desquelles s'élançaient les nervures de la voûte. La seconde arcade de droite est occupée par un large puits qu'on prétend avoir été creusé par Hervé, archevêque de Reims, au 10⁰ siècle. Le diamètre de son ouverture est de 2 mètres 45 centimètres, et sa profondeur actuelle, de près de 200 pieds. On y faisait autrefois monter l'eau au moyen d'une roue dont on retrouve encore la place; l'homme occupé à ce pénible travail se tenait dans la niche que l'on voit au fond de l'arcade.

Il y a peu d'années encore, ce puits était entièrement comblé par les décombres qu'on y avait successivement jetés. En 1819, M. Carlier, maire de Coucy, entreprit de le faire nettoyer. Quand les ouvriers furent parvenus à 50 pieds de profondeur, il se développa tout-à-coup une forte odeur sulfureuse qui interrompit le travail. On en reconnut bientôt la cause : c'était une multitude de petites planches enduites d'une matière noire et grasse que l'on crut reconnaître pour de la poudre à canon ; et comme des débris d'armes furent aussi trouvés aux alentours, on se confirma dans cette conjecture. A environ 80 pieds, on recueillit des boulets en pierre et en fer de différens calibres, et des têtes sculptées en pierre parfaitement dorées, mais dont la dorure se détacha au moment où elle se trouva au contact de l'air. Ce ne fut qu'à 185 pieds de profondeur que l'on commença à trouver la terre légèrement humide ; mais bientôt l'eau arriva assez abondamment.

Enfin, parvenus à 194 pieds, les ouvriers rencontrèrent d'énormes pièces de bois sur lesquelles repose la maçonnerie du puits, et en fouillant dans l'eau devenue tout-à-fait abondante, ils en retirèrent un petit canon en cuivre très-fin, à six pans, dont nous devons dire quelques mots.

Ce canon a 22 pouces de long, un pouce de diamètre à la tranche, et un pouce et demi à la culasse. Sur le pan où est percée la lumière, on lit l'inscription suivante, accompagnée d'une fleur de pensée :

Fait le 6 mars 1258 × *Raoul* × *rois de Coucy* × ×

Cette inscription a donné lieu à une foule de controverses; et bien qu'on ait fait observer qu'il n'y eût point de Raoul roi de Coucy en 1258, que l'usage des chiffres arabes en France remonte seulement à la fin du 13ᵉ siècle, que l'invention de la poudre est du siècle suivant, et que les Anglais firent les premiers usage du canon en 1346, à la bataille de Crécy, il se trouva pourtant des gens pour croire à son authenticité.

C'est une question de savoir comment le rez-de-chaussée de cette tour était éclairé ; car les deux ou trois ouvertures étroites pratiquées sur les côtés, devaient être tout-à-fait insuffisantes pour cet usage. On pense qu'il pouvait exister à la voûte, comme cela se voyait dans la tour de Louis-d'Outre-Mer, à Laon (1), une large ouverture circulaire par laquelle la lu

---

(1) Voyez notre *Histoire de Laon*, tome Iᵉʳ, p. 69.

mière descendait perpendiculairement des étages supérieurs.

En montant l'escalier dont nous avons parlé, on rencontre d'abord un étroit couloir conduisant à une petite pièce carrée nommée l'*assommoire*, et ménagée dans l'épaisseur des murs au-dessus de la porte d'entrée. C'est de là que la garnison faisait mouvoir la herse en fer, et la laissait tomber derrière la porte d'entrée, quand celle-ci avait été brisée ou brûlée par les assaillans.

Le premier étage reproduit les dispositions du rez-de-chaussée ; il ne s'en distingue que par des arcades un peu plus élevées et plus ornées.

On arrive au second étage par 67 marches assez hautes. Il est, comme le précédent, divisé en douze pans, occupés chacun par une arcade ogivale, mais cette fois fort élancée et élevée de 12 mètres. Cette pièce devait être magnifique ; elle servait sans doute à l'habitation du châtelain et de sa famille, car elle est éclairée par plusieurs fenêtres assez grandes, et de petits appartemens y sont ménagés du côté de l'ouest dans l'épaisseur de la muraille.

Pour parvenir au troisième étage, il faut encore gravir 68 marches. La salle de cet étage, exactement conforme aux précédentes, quant à ses dispositions générales, présente ceci de particulier, qu'une large galerie circulaire ou tribune ménagée dans l'épaisseur des murs, tourne derrière ses arcades, de sorte que par son moyen, on pouvait faire le tour de la place sans y entrer, et voir tout ce qui s'y passait, son pavé étant plus élevé de 5 mètres que celui de cette même pièce. Cette

INTÉRIEUR DES RUINES DE COUCY.

superbe place est éclairée sur les côtés par deux larges fenêtres donnant, l'une sur la campagne, l'autre sur le plateau de la montagne, et dans l'embrasure desquelles un banc de pierre se voit à droite et à gauche. Ce troisième étage servait sans doute de logement à la garnison du château.

Le quatrième étage règne sur le tout et présente par conséquent la plus vaste place de l'édifice. Il formait autrefois une terrasse couverte de plomb, au rapport d'anciens écrivains, et à chacun des angles formés par les divisions intérieures, on remarque de grands trous pratiqués à travers les murs, et par où les eaux de pluie étaient conduites dans des gargouilles qui les rejetaient au dehors.

Ces deux circonstances réunies d'une terrasse et de gargouilles, doivent éloigner toute idée que cette énorme tour ait jamais été couverte d'une flèche en bois, comme plusieurs écrivains se sont plu à le supposer.

Ainsi que nous l'avons dit tout en commençant, le mur extérieur du donjon est percé dans son pourtour, à la hauteur de cet étage, de 24 arcades ogivales ayant 5 mètres 40 centimètres de hauteur, sur une largeur de 1 mètre 30 centimètres. Ces arcades donnaient accès sur des mâchicoulis dont les supports existent seuls aujourd'hui; encore sont-ils brisés pour la plupart.

Entre chacune de ces arcades, on a ménagé d'étroites meurtrières dont les côtés vont en s'évasant à l'intérieur, et dont la tablette, disposée en plan très-incliné, indique assez la destination. C'est évidemment par là que les assiégés répandaient des liquides brûlans et des métaux fondus sur les assiégeans.

De ce quatrième étage, on parvient, par 22 marches très-élevées, sur le couronnement de la tour, qui a encore plus de trois mètres de largeur. Il était autrefois recouvert d'un petit toit destiné à garantir les murs de l'action des pluies.

L'entablement se compose de deux corniches, l'une à l'intérieur, l'autre à l'extérieur de l'édifice, ornées toutes deux d'un double rang de feuilles croisées.

Les anciennes vues du château de Coucy représentent, sur le comble du donjon, quatre petites flèches dont la présence et la destination ont singulièrement préoccupé les architectes modernes. Nous pensons pourtant qu'il ne faut pas en chercher bien loin l'explication. L'une d'elles surmontait sans nul doute l'escalier intérieur de la tour et lui servait de toit ; les autres ne paraissent avoir été autre chose que l'extrémité supérieure des cheminées, auxquelles on avait probablement donné la forme d'une flèche dans la vue de les mettre en harmonie avec la couverture de l'escalier.

Une autre remarque n'a pas moins excité la sagacité des curieux : c'est l'existence, dans l'épaisseur des murs de cet édifice et à plusieurs niveaux différens, d'espèces de conduits horizontaux et carrés d'un diamètre de 25 centimètres environ. Ces conduits tantôt sont simples, tantôt se bifurquent ; en les examinant avec soin, on remarque, ou qu'ils ont été revêtus de planches, ou que leur intérieur était occupé par des pièces de bois aujourd'hui détruites.

Les uns ont prétendu que ces canaux étaient des conduits acoustiques par le moyen desquels on pouvait, d'un certain endroit de la tour, donner des ordres dans toutes les parties de l'édifice; mais leur horizontalité dément cette explication. Les autres ont voulu y voir des tuyaux servant à la descente des eaux de la plate-forme; mais l'existence d'anciennes gargouilles prouve que celles-ci, loin d'être recueillies, étaient au contraire rejetées au dehors. Enfin, selon une troisième explication, ces cavités renfermaient autrefois des pièces de bois qui, en se reliant entre elles, formaient une sorte de chaînage destiné à assurer la liaison de toutes les parties de l'édifice. Mais on doit faire remarquer que ces pièces de bois eussent été bien faibles pour une semblable destination, et l'on a peine à croire que le fer n'y eût pas été préférablement employé par le constructeur; car on ne saurait admettre des raisons d'économie en ce point, quand on a été si prodigue dans tout le reste. Convenons donc que l'usage de ces conduits est encore un mystère.

Le parement intérieur des murs du donjon, de même que celui des autres tours et de toutes les parties du château, est entièrement revêtu d'un enduit épais sur lequel des assises

de pierres sont partout figurées en rouge ou en noir. On re-

28   LE CHATEAU

marque même des dorures dans plusieurs endroits, et surtout

des ornemens à fresque représentant des rosaces, des en-

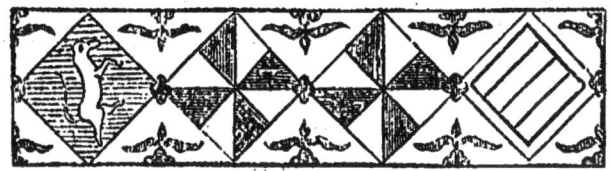

trelaçs et des dessins de toute sorte.

Dans les parties de l'édifice où cet enduit est tombé par l'effet du temps, le parement des pierres porte ordinairement gravés des signes d'appareil de formes très-variées. Ce sont des fers de flèche ou de lance, des étendards, des croix, des étoiles, des marteaux, des fourches, des tridents, des rateaux ; ou bien des signes géométriques, comme cercles, triangles, quadrilatères, etc. ; ou enfin des lettres de l'alphabet, parmi lesquelles on remarque fréquemment la lettre N (1).

Telles sont, dans leur ensemble et leurs détails, ces immenses constructions destinées à fatiguer le temps par leur solidité à toute épreuve et leurs proportions gigantesques. Il a fallu, pour en détacher quelques pierres, l'ombrageuse et habile politique d'un ministre, aidée d'un moyen terrible de destruction nouvellement inventé, et du concours d'un phénomène presqu'inconnu à nos climats, et par-dessus tout, la main de fer d'une révolution qui avait juré de niveler, sous sa hache vengeresse, aussi bien les monumens que les hommes. Telles qu'elles sont, les ruines de Coucy remplissent d'émotions l'âme de celui qui les contemple, car leurs colossales proportions sont au niveau des souvenirs qu'elles rappellent. Qui pourrait, en effet, mieux nous peindre l'orgueil et la puissance féodales, que ces enceintes formidables élevées par l'ambition inquiète des anciens barons, et que cet énorme donjon dominant, du milieu d'une auréole de tours et de murailles crénelées, l'immense horizon qui l'environne? Heu-

---

(1) Nous devons plusieurs de ces détails et de ces dessins, à l'obligeante communication de M. Malpièce, architecte-expert des bâtimens de l'ancienne liste civile, à Paris. C'est donc pour nous un devoir de lui donner ici un témoignage public de notre reconnaissance. M. Malpièce a produit à l'exposition de 1844 les plan et coupe du donjon de Coucy, avec des détails de peinture, de sculpture et d'architecture, travail qui a justement fixé l'attention des connaisseurs. C'est encore lui qui, sur les ordres du roi Louis-Philippe, a exécuté dans l'intérieur de ce même château, les travaux de réparation et de consolidation nécessaires pour préserver d'une ruine imminente plusieurs de ses parties.

reux si leur vue rappelait seulement des souvenirs de gloire et d'opulence, et si l'oppression et la misère de nos aïeux n'y étaient aussi trop lisiblement écrites en caractères ineffaçables !

Le château de Coucy, comme tous les monumens dont les vastes et admirables proportions ont de tout temps frappé l'imagination de l'homme, a donné lieu à l'établissement de plusieurs légendes qui, bien qu'éloignées d'être authentiques, méritent néanmoins de trouver une place ici. La première est celle de *l'éternument dans le puits de la grosse tour*.

Un jeune archer étant un jour assis sur la margelle de ce puits sans pareil, entendit distinctement éternuer au fond de l'abîme. « Dieu vous bénisse, » s'écria-t-il. Aussitôt, nouvel éternument, auquel l'archer répondit encore par la salutation : « Dieu vous bénisse. » Mais l'esprit, car un esprit seul peut ainsi se divertir au fond d'un puits, ayant éternué une troisième fois, l'archer impatienté lui cria cette fois : « Que le Diable t'emporte. » A ces mots, il se fit dans l'eau un bruit étrange, une sorte de bouillonnement dont l'archer voulut connaître la cause : il avança la tête; mais attiré par un pouvoir invisible, il se pencha tellement le corps, qu'il finit par tomber dans le gouffre, d'où, comme on le pense bien, il n'est jamais revenu.

Une autre légende est celle de la *Cloche du beffroi*. Cette cloche avait jadis la propriété de sonner d'elle-même quand un habitant de la ville était sur le point de mourir; mais les oreilles de la personne menacée étaient seules frappées de ses tintemens lugubres. Un échevin nommé Canivet entendit ainsi, pendant la nuit, cette cloche sonner lentement quinze coups. Comme il se trouvait en parfaite santé, il ne put s'imaginer que cet avertissement fût pour lui ; il le crut destiné à sa femme qui, atteinte d'une grave maladie de poitrine, gardait le lit depuis longtemps. Toutefois, il ne voulut rien dire à la malade, de peur de l'effrayer et de la conduire plus vite au tombeau. Mais l'avertissement était bien pour lui-même, car il mourut au bout de quinze jours. Sa femme, au contraire, entra en convalescence, et elle avait entièrement recouvré la santé, quand, à son tour, elle entendit le tintement fatal retentir la nuit à ses oreilles. Elle se crut perdue ; mais son fils aîné l'avait également entendu, et fut frappé de mort subite. A quelque temps de là, cette femme convola à de nouvelles noces, et elle mit successivement au monde plusieurs autres enfans ; mais à chaque fois elle entendait tinter la cloche du beffroi, et peu de temps après ses enfans mouraient subitement. Ces coups de cloche étaient-ils produits par de malins esprits? ou bien, n'était-ce pas plutôt un bon ange qui, par cet avertissement, voulait prévenir l'homme de se préparer au moment suprême qui s'approchait pour lui? c'est ce que nous laissons à décider à de plus habiles que nous.

La plus gracieuse de ces légendes est celle connue sous le nom du *Rempart fleuri*. On raconte à ce sujet qu'un jeune pâtre de Verneuil s'étant un jour dirigé vers le pied de la montagne de Coucy, y aperçut tout-à-coup une fleur merveilleusement belle, comme il n'en avait jamais vu. Il s'en approcha, la détacha avec précaution de sa tige et l'attacha à son chapeau, dans le dessein de l'offrir à sa fiancée. Mais, à l'instant, il se sentit enlever par une puissance surnaturelle, et il se trouva transporté comme par enchantement sur le rempart du château, près de la tour du roi. La porte de cette tour était ouverte : la curiosité le poussa à y entrer, et il en vit le sol couvert de petites pierres brillantes dont il se mit sans façon à remplir son chapeau. Sa récolte faite, il sortit ; mais au moment où il atteignait le seuil de la porte, il entendit une voix derrière lui qui lui criait : « Tu laisses ce qu'il y a de meilleur. » Le pâtre ne comprenant rien à ces paroles, continua de descendre le rempart sans se retourner, rejoignit son troupeau, et voulant remettre son chapeau sur sa tête, en vida toutes les petites pierres dans ses poches. Il s'aperçut alors qu'il avait perdu la fleur merveilleuse. « Qu'as-» tu fait de la fleur que tu avais trouvée ? » lui dit en ce moment la voix qu'il avait déjà entendue. — « Elle est sans » doute tombée sur le rempart, » répondit le pâtre tout tremblant. — « Tu as perdu la clef des trésors du château, reprit » la voix ; tu t'es ainsi montré ingrat et oublieux, et tu ne » retrouveras jamais un pareil talisman. » Le jeune homme s'empressa en vain de raccourir ; il lui fut impossible de franchir le rempart, et de retour à Verneuil, il s'aperçut avec la plus grande surprise, mais non sans un vif contentement, que toutes les petites pierres dont il avait rempli ses poches, s'y étaient transformées en autant de pièces d'or frappées au bon coin.

Comme on l'a vu dans le cours de cette histoire, la maison d'Orléans était propriétaire du château de Coucy au moment où éclata la révolution française. Plusieurs parties de cet édifice se trouvaient encore à cette époque dans un assez bon état de conservation : la salle des Preux, entre autres, était, dit-on, encore entière; aussi, ceux qui, alors, admiraient la force et la solidité de ce monument, étaient loin de prévoir que quelques années allaient suffire pour en amener la ruine totale. Ce fut, en effet, durant la révolution, que lui furent portés les terribles coups dont il ne se relevera sans doute jamais; car, pendant ce nivellement général qui s'attaquait aux choses comme aux hommes, le génie de la destruction s'acharna avec fureur sur le château de Coucy, et il lui suffit de peu d'années pour transformer en un monceau de décombres le plus merveilleux monument militaire de la France.

Après la mort de Louis-Philippe-Joseph d'Orléans, dernier sire apanagiste de Coucy, la nation s'empara du château. Cet édifice ne fut cependant pas vendu; car, presqu'entièrement composé de murailles épaisses, il ne s'y trouvait à peu près rien qui pût tenter la cupidité des spéculateurs; mais le gouvernement ne voyant aucun moyen d'en tirer parti, l'abandonna à lui-même, et la dévastation commença : les uns descellèrent les portes et les fenêtres, les autres arrachèrent les lambris de ses appartemens et les pierres de ses murailles, et l'autorité locale, impuissante à réprimer ces dégâts, se contentait, en fermant les yeux, d'en avertir le gouvernement. Celui-ci, pour en arrêter le cours, ne trouva d'autre moyen que de céder gratuitement le château de Coucy à l'hospice de cette ville, sous la seule condition de respecter la grosse tour, qui fut déclarée monument historique.

La dévastation y recommença alors de plus belle. Le temps était dur, l'hospice fort pauvre : il songea donc à tirer le seul parti possible du présent qui lui était fait, celui de transformer en une carrière de pierres à bâtir le malheureux château de Coucy. Des marchés furent passés avec des maîtres maçons de la ville, et l'œuvre de la destruction s'organisa sur une grande échelle. Les murs des appartemens furent démolis, les voûtes effondrées, les marches des escaliers brisées, les pierres du parement des murailes arrachées sur tous les points; bref, on ne laissa debout que ce que le manque de temps et de moyens ne permit pas de renverser (1).

(1) Tous ces détails, malheureusement trop vrais, nous ont été attestés sur les lieux par des personnes dignes de foi. Peu s'en est fallu même que les ruines qui font notre admiration n'aient elles-mêmes entièrement disparu; car un spéculateur forma une demande tendante à ce que le château lui fût vendu, afin d'en opérer la démolition totale et de pouvoir en revendre les matériaux. Il se trouva heureusement à Coucy, dans la personne de M. Carlier, alors maire de cette ville, un homme assez animé de l'amour de son pays, pour s'opposer énergiquement à cette demande, et dont les efforts réussirent à empêcher qu'un acte de vandalisme aussi inouï ne s'exécutât. Cette conduite fait le plus grand honneur à M. Carlier, et l'histoire lui en doit de la reconnaissance.

Enfin, quand il n'y eut plus que des décombres, l'hospice, à son tour abandonna le château à tout venant, et de misérables échoppes s'élevèrent dans son enceinte délabrée, ouverte de toute part, mais dont les ruines avaient encore un abri pour les malheureux. Étrange exemple des vicissitudes des choses humaines, que la misère s'établissant sans obstacle dans des lieux autrefois inabordables pour elle, et démolissant pierre à pierre le plus fastueux monument de l'opulence et de l'orgueil, pour construire avec ses débris l'humble et frêle habitation du pauvre!

Au temps seul fut dès-lors abandonné le soin d'achever la ruine du château de Coucy, et pendant longtemps encore, on vit chaque année de nouveaux débris s'accumuler au pied de ses remparts. Enfin, en 1829, l'administration de l'hospice eut la pensée d'offrir au prince Louis-Philippe, duc d'Orléans, de lui revendre ce château, ancienne propriété de sa famille, et auquel se rattachaient pour lui tant de souvenirs. Ce prince, appréciateur éclairé de tout ce que les âges précédens nous ont laissé de grand et de beau, ne pouvait laisser échapper une aussi belle occasion de sauver le château de Coucy d'une destruction complète, et de conserver à la France l'une de ses gloires monumentales. Il en fit donc l'acquisition le 6 octobre de cette année, moyennant la somme de 6,000 francs.

Devenu propriétaire de ces ruines, le roi envoya à Coucy, sans perdre de temps, un architecte, M. Malpièce, dont nous avons déjà parlé, à l'effet d'aviser aux moyens de les débarrasser des décombres sous lesquelles elles étaient en quelque sorte ensevelies, et surtout d'exécuter les travaux nécessaires pour la consolidation de plusieurs parties de ce vieil édifice, dont la chûte paraissait imminente. Le fossé fut comblé en avant de l'ancienne porte d'entrée, où l'on plaça en même temps un concierge, et l'on acheva la clôture du château, en élevant un mur en maçonnerie sur la large brèche existant à la chemise de la grosse tour. Des travaux furent également exécutés dans d'autres parties de l'édifice, notamment au donjon. Trois larges déchirures le partageaient, comme nous l'avons dit, dans toute sa hauteur, et ne permettaient pas aux curieux de faire le tour de son couronnement. Ces brèches furent remplies en maçonnerie, et à l'intérieur on établit un mur d'appui au pourtour de la plateforme du quatrième étage, afin de laisser aux visiteurs la liberté de s'y promener sans danger. Enfin, l'on eut l'heureuse idée de former, dans l'une des tours du château, un petit musée avec tous les objets d'art ou de curiosité que les travaux faisaient journellement découvrir.

Ce musée renferme plusieurs objets intéressans. C'est d'abord un certain nombre de médailles parmi lesquelles on en remarque une d'Adrien et une de Gordien, en argent, une de Roger, évêque de Laon (1174-1206), etc.; des fragmens de rosaces, chapiteaux, corniches, etc.; quelques morceaux de sculpture et bas-reliefs, parmi lesquels on distingue un moine bénissant, espèce de reliquaire sculpté dans un massif de maçonnerie, et qui se fermait au moyen d'une porte à deux battans; une petite figure assise qui paraît

représenter un juge couvert de la toge et portant la main de justice; cette figure a été trouvée bloquée dans l'épaisseur du mur du rempart, la face dans le mortier; des carreaux en terre, émaillés et vernis, ornés de différens dessins, particulièrement de fleurs-de-lis; divers objets de curiosité, comme une petite cuillère en bronze de forme antique; deux clefs en fer du moyen âge; un brassart en ivoire qui servait à garantir le bras de l'archer quand il lançait des flèches; une énorme gargouille en pierre provenant du donjon, et représentant un dogue, la gueule béante; un fer de lance,

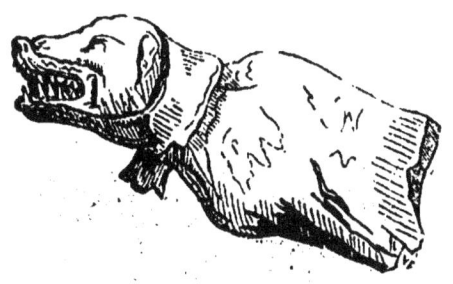

et surtout un fer de flèche très-curieux par sa forme et ses accessoires. Il est muni à son extrémité de deux barbes mobiles en fer, retenues à la hampe par une charnière; deux ressorts attachés le long de cette hampe servent à les tenir écartées par l'extrémité inférieure. Lorsque ce dard pénétrait dans le corps, les barbes se fermant d'abord par l'effet de la pression des chairs, s'ouvraient ensuite dans la plaie où cette pression n'existait plus, et en s'étalant, ne permettaient de retirer le fer qu'en occasionnant de larges déchirures.

Tels sont les objets recueillis jusqu'à ce jour au milieu des décombres du château de Coucy. Des recherches ultérieures en feront sans doute découvrir d'autres et en plus grand nombre; car nous conservons l'espoir que les évènemens politiques qui viennent de s'accomplir, n'arrêteront point l'œuvre vraiment patriotique entreprise par l'ancienne liste civile pour la restauration d'un monument d'une aussi haute valeur historique et architecturale. Beaucoup a déjà été fait dans ce but, mais il reste encore beaucoup à faire; et si les travaux exécutés enlèvent à ces ruines un peu de leur pittoresque, nous nous en consolons volontiers, en pensant qu'ils ont assuré la conservation d'un monument que notre pays montre avec orgueil aux étrangers affluant chaque jour de tous les points de la France pour venir contempler ces majestueux débris, et méditer un instant, au sein de ces remparts délabrés, sur la fragilité des splendeurs humaines!

Les Lions de Coucy.

www.ingramcontent.com/pod-product-compliance
Lightning Source LLC
Chambersburg PA
CBHW060938050426
42453CB00009B/1073